BEI GRIN MACHT SICH IHR WISSEN BEZAHLT

Bibliografische Information der Deutschen Nationalbibliothek:

Die Deutsche Bibliothek verzeichnet diese Publikation in der Deutschen National-
bibliografie; detaillierte bibliografische Daten sind im Internet über http://dnb.d-
nb.de/ abrufbar.

Impressum:

Copyright © 2012 GRIN Verlag, Open Publishing GmbH
Druck und Bindung: Books on Demand GmbH, Norderstedt Germany
ISBN: 978-3-668-09631-8

Dieses Buch bei GRIN:

http://www.grin.com/de/e-book/208207/analyse-der-marke-danone-und-des-instituts-
danone-vom-joghurt-zur-gesundheit

Lennart Geist, Norman Paraiso

UNICUM.de – Die Wissensreihe

UNICUM.de

Band 79

Analyse der Marke "Danone" und des Instituts Danone. Vom Joghurt zur Gesundheit

GRIN Verlag

GRIN - Your knowledge has value

Der GRIN Verlag publiziert seit 1998 wissenschaftliche Arbeiten von Studenten, Hochschullehrern und anderen Akademikern als eBook und gedrucktes Buch. Die Verlagswebsite www.grin.com ist die ideale Plattform zur Veröffentlichung von Hausarbeiten, Abschlussarbeiten, wissenschaftlichen Aufsätzen, Dissertationen und Fachbüchern.

Besuchen Sie uns im Internet:

http://www.grin.com/

http://www.facebook.com/grincom

http://www.twitter.com/grin_com

Danone

Vom Joghurt zur Gesundheit

EC-KA-THEM A 3. Semester, Kampagnenmanagement
Norman Paraiso, Lennart Geist

1

Gliederung

Unternehmensgeschichte

Was ist eine 3rd Party?

Aufgaben einer 3rd Party

Analyse: Kommunikation des Institut Danone

Erste Aktivitäten des Institut Danone

Analyse der ersten TVC's unter der Dachmarke Institut Danone Ernährung für Gesundheit

Copy Strategie

Aktuelle Produktpalette

Sind die Marken on Strategy?

Ideen für zukünftige Projekte

Quellen

Unternehmensgeschichte

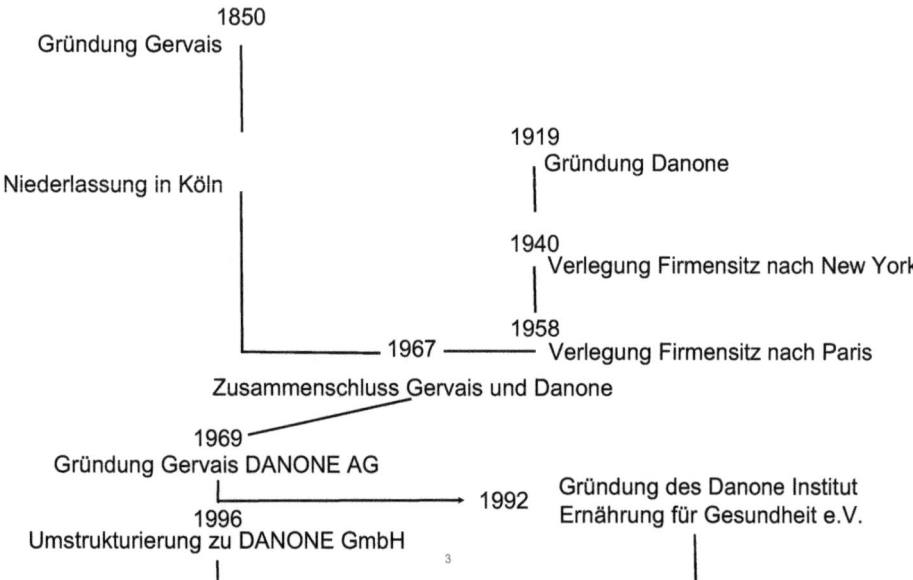

1850
Gründung Gervais

Niederlassung in Köln

1919
Gründung Danone

1940
Verlegung Firmensitz nach New York

1958
Verlegung Firmensitz nach Paris

1967
Zusammenschluss Gervais und Danone

1969
Gründung Gervais DANONE AG

1996
Umstrukturierung zu DANONE GmbH

1992
Gründung des Danone Institut
Ernährung für Gesundheit e.V.

3

Unternehmensgeschichte

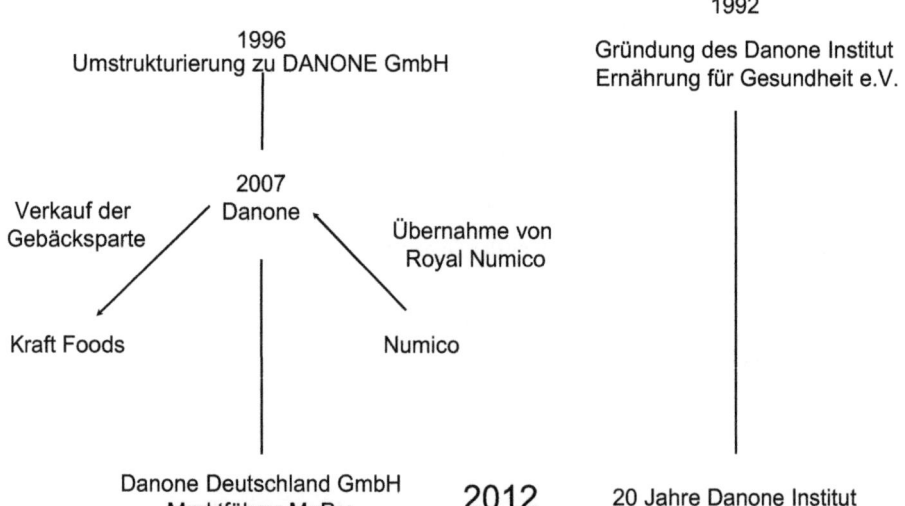

1996
Umstrukturierung zu DANONE GmbH

1992
Gründung des Danone Institut
Ernährung für Gesundheit e.V.

2007
Danone

Verkauf der
Gebäcksparte

Übernahme von
Royal Numico

Kraft Foods

Numico

Danone Deutschland GmbH
Marktführer MoPro

2012

20 Jahre Danone Institut

4

Was ist eine 3rd Party?

Eine Institution die sich insbesondere um Aufklärung, Wissen und Steigerung der Aufmerksamkeit im Sinne der Marke kümmert, aber einen eher „neutralen" Eindruck nach außen abgibt - Aufbau einer Alliierten Plattform

Aufgaben einer 3rd Party

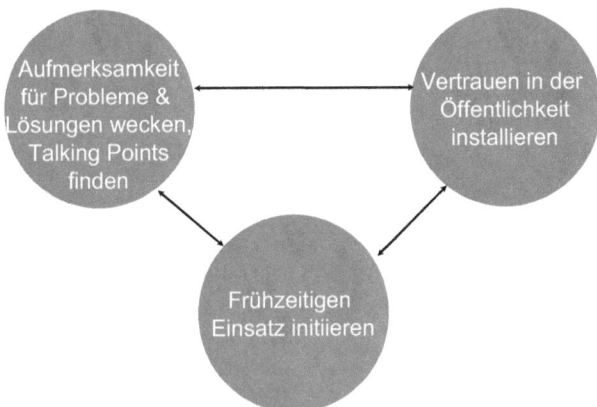

Internetauftritt Institut Danone

Quelle: http://www.institut-danone.de/

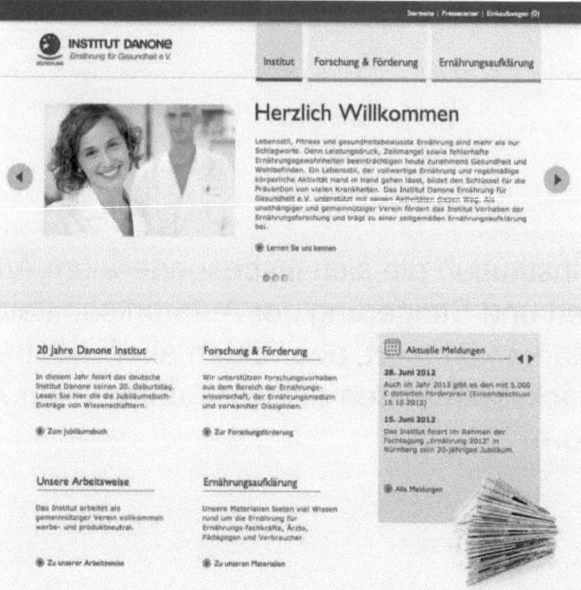

Kommunikation des Institut Danone

- Wer wird angesprochen?

- Was wird kommuniziert?

- Welche stilistischen Mittel unterstützen diese Kommunikation?

Kommunikation des Institut Danone

Wer wird angesprochen?

Eltern, Großeltern, Lehrer/-innen, Erzieher/-innen,
Tagesmütter,Ärzte, Wissenschaftler, Forscher, NGO's
(Forschungseinrichtungen, Wissenschaftliche Gesellschaften,
Akademische Einrichtungen), Regierung (Bundesinstitut für
gesundheitlichen Verbraucherschutz und Veterinärmedizin)

9

Kommunikation des Institut Danone

Was wird kommuniziert?

Forschung & Förderung

Forschungsförderung, Forschungsthemen, Förderpreis,
Reisestipendien, Aktueller Newsticker

Ernährungsaufklärung

Ernährungskoffer, Schülerarbeitsheft, Patienteratgeber,
Tagungsbände

Kommunikation des Institut Danone

Welche stilistischen Mittel unterstützen diese Kommunikation?

elegantes Design, schlicht, glänzt mit Kompetenz (kein WOW-Effekt notwendig), wissenschaftlich (Menschen in Arztkittel, Mikroskop), International (18 Standorte weltweit)

Farben: viel Weiß, Danone-Blau, Pastelltöne

Erste Aktivitäten des Institut Danone

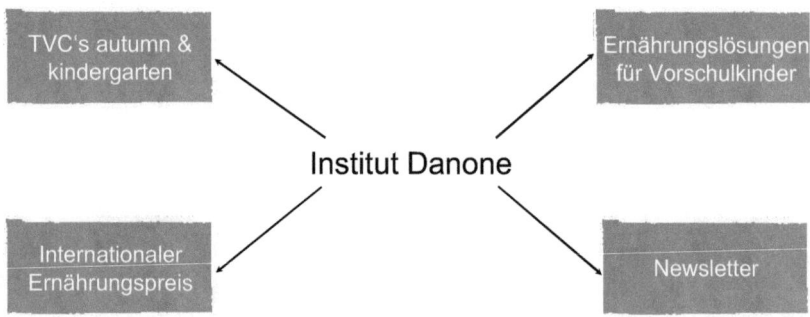

Analyse der TVC's

- Ideen & Thema?
- Umsetzung?
- Aufmerksamkeit?
- Bezug zur Marke?
- Spaßfaktor?
- Tonalität / Musik?
- Likes / Dislikes?

Copy Strategie

Definition (Kern-)Zielgruppen

- Eltern, Großeltern, gesundheitsbewusste Menschen, LOHAS, aktive Menschen, Qualitäts- & Traditionsbewusste Menschen, Genussmenschen, Laktose intolerante Menschen

Copy Strategie

Insights/Needs (Bedürfnisse/Wünsche/Probleme)

- Milchprodukte aus nachhaltiger Wirtschaft, welche dennoch Tradition und das moderne Gesunheitsbewusstsein in sich vereinbaren, und trotz alledem immernoch lecker schmecken.

- Die Zielgruppen wollen nicht nur noch ein Molkereiprodukt, welches zum reinen Genuss da ist, sondern die Ihnen auch Gutes tun (ähnlich nahrungsergänzungsmittel)

- Den Zielgruppen ist immer mehr auch das soziale Engagement des produzierenden Unternehmens wichtig, und sie achten darauf (Nachhaltiges Wirtschaften, Intakte Umwelt, Verantwortungsvolles Miteinander)

Copy Strategie

Positioning (Positionierung)

- Marktführer bei Milchfrischeprodukte in Dt. (14,4 % Marktanteil)

- Hochpreisstrategie

Copy Strategie

Benefit (Nutzen, USP)

- Hauptbenefit: Förderung einer gesunden Ernährung und Lebensweise

- Objektiv: Produkte müssen mit sinnvollem, wissenschaftlich nachgewiesenem gesundheitlichen Nutzen entwickelt werden, Abdeckung der für eine ausgewogene Ernährung wichtigen Dinge

- Subjektiv/Psychologisch: Cremig, lecker, frisch

17

Copy Strategie

Reason Why (Unterstützende Beweisführung)

- Bestandteile:
    - Inhaltsstoffe von Hoher Qualität
    - Viele Vitamine, Calcium, Eiweiß
- Produktionsverfahren:
    - Transparenz der Wertschöpfungskette
    - ständige Qualitätskontrolle
- Markterfolg:
    - Weltweit der führende Konzern Milchfrischeprodukten
- Neuartigkeit/Einmaligkeit der Produkte:
    - Activia, Actimel, Danvia
- Tradition des Unternehmens:
    - Danone schon immer mit Gesundheit verknüpft

18

Copy Strategie

Tone of Voice (Tonalität/Personalität)

Verantwortungsvoll, traditionsreich, ästhetisch, trendy, familienfreundlich, umweltbewusst

19

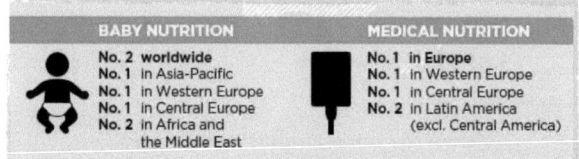

DANONE RANKINGS IN 2011

FRESH DAIRY PRODUCTS

No. 1 worldwide
No. 1 in North America
No. 1 in Latin America
No. 1 in Western Europe
No. 1 in Central Europe
No. 1 in Africa and the Middle East

WATERS

No. 2 worldwide
No. 2 in Latin America
No. 2 in Western Europe
No. 1 in Asia-Pacific
(by volume)

BABY NUTRITION

No. 2 worldwide
No. 1 in Asia-Pacific
No. 1 in Western Europe
No. 1 in Central Europe
No. 2 in Africa and
the Middle East

MEDICAL NUTRITION

No. 1 in Europe
No. 1 in Western Europe
No. 1 in Central Europe
No. 2 in Latin America
(excl. Central America)

Bildquelle: www.danone.de/danone/downloadcenter/Danone_annual-report_2011.pdf

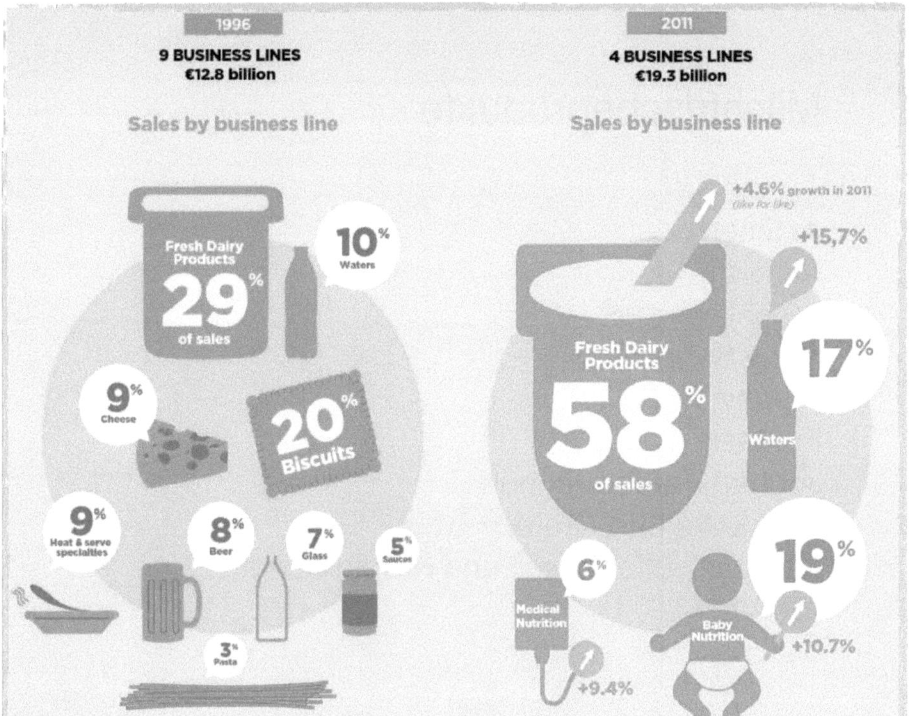

9 BUSINESS LINES
€12.8 billion

4 BUSINESS LINES
€19.3 billion

Sales by business line

Sales by business line

+4.6% growth in 2011
(like for like)

+15,7%

Fresh Dairy Products
29%
of sales

10%
Waters

9%
Cheese

20%
Biscuits

9%
Heat & serve specialties

8%
Beer

7%
Glass

5%
Sauces

3%
Pasta

Fresh Dairy Products
58%
of sales

17%
Waters

6%
Medical Nutrition
+9.4%

19%
Baby Nutrition
+10.7%

Bildquelle: www.danone.de/danone/downloadcenter/Danone_annual-report_2011.pdf

Jahresumsatz 2011

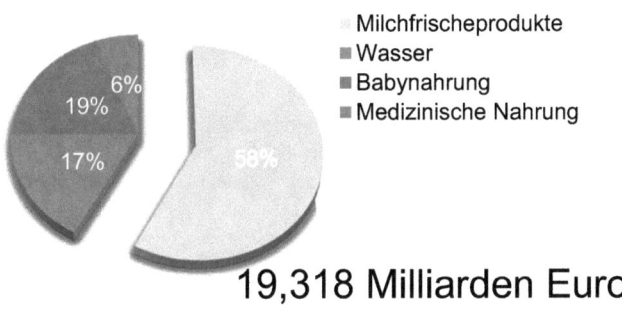

Milchfrischeprodukte
Wasser
Babynahrung
Medizinische Nahrung

6%
19%
17%
58%

19,318 Milliarden Euro

Milchfrischeprodukte

Actimel®
Activia®
Fruchtzwerge®
Dany Sahne®
Disney®
Fantasia®
Joghurt Family Joghurt
Quark-Joghurt Creme®
Gervais Hüttenkäse® und Kräuterquark
DanVia®

Actimel

- L. Carsei Danone
- Hohe Qualität, einzigartig frischer Geschmack
- 11 Sorten (Powerfrucht, 0,1 % Fett, Ohne Zucker & Süßstoff)
- Vitamin C
- Flasche aus nachwachsenden Rohstoffen

Activia

- Besonders cremig, natürliche Zutaten
- Bifidus-Kultur ActiRegularis
- Calcium, Milcheiweiß
- Viele Sorten, auch als Drink in 6 Sorten, 5 Sorten noch cremiger, 3 Sorten mit Fruchtstücken, Activia PUR (natürlich)
- Auch laktosefrei
- auch mit 1,5% Fett, Erdbeere mit 0,1% Fett
- 14 Tage Wohlfühlprogramm / Activiagramm
- Becher aus nachwachsenden Rohstoffen entwickelt mit dem WWF

Fruchtzwerge

- Vertrauen seit 30 Jahren
- fruchtig, lecker, saisonal, permanent optimiert (Fett, Kohlenhydrate, Energiegehalt)
- Buchstabenmagneten (Alphabet lernen), Selbstmacheis
- Keine: Künstlichen Farbstoffe und Aromen, Süßstoffe, Gelatine
- Viel Calcium und Vitamin D (Gut für die Knochen)

Dany Sahne

- Einzigartiger Genuss, Geschmackserlebnis
- Mischung aus Tradition und bewährter Qualität (Zeitgemäß)
- Viele Sorten, auch saisonal
- Genuss aus aller Welt (interkulturell)
- fluffig - leichtes Sahnehäubchen

Disney

- leckeres Fruchtpüree (Erdbeere, Banane, Kirsche, Vanille)
- bewährte Danone Qualität
- Märchen- & Rennfahrerjoghurt
- Knuspergenuss für besondere Momente

Fantasia

- kleiner Luxus (jeder Tag wird zum Festtag)
- Geschmackserlebnis, cremig, Frucht- oder Knuspermischung
- praktische 2 Kammerbecher
- Bewährte Danonequalität zu kleinem Preis

Family Joghurt

- Gute Ernährung die schmeckt
- Calcium & Milcheiweiß
- Verschiedene Fruchtsorten
- Auch als 0% Fettvariante

Quark-Joghurt Creme

- cremig-leckere Komposition
- Hochwertige Zutaten
- Verschiedene Sorten

Gervais Hüttenkäse & Kräuterquark

- 4:1 Formel, aber lediglich 3,9 % Fett
- Ideal mit Obst oder als Brotaufstrich
- Als Hüttenkäse oder Kräuterquark
- Guter Quark & feine Kräuter
- verfeinert viele Speisen

DanVia

- Exklusiv bei REWE
- Joghutgenuss mit Steviolglycoside aus der Steviapflanze
- Voller Geschmack ohne Zuckerzusatz (Nur Zucker aus Früchten)
- Viele Fruchtsorten

33

Sind die Marken
on strategy?

Sind die Marken
on strategy?

Actimel:

Eigene Studie wiederlegt, dass Actimel vor Erkältungen schützt

Preis für die dreisteste Werbelüge 2009

L. casei Defensis hat keine probiotische Wirkung

Antrag auf unterstützeden Wirkung von Actimel bei Durchfallerkrankungen abgelehnt

Manche Sorten haben mehr Zuckeranteil als Cola

Sind die Marken
on strategy?

Activia:

Activa reguliert nicht die Verdauung wie früher beworben

Tests entsprechen keinen wissenschaftlichen Standarts

Zweiter Platz für die dreisteste Werbelüge 2011

Spaziergang hilft mehr als Activia

Umweltfreundlicher Becher ist nicht umweltfreundlich laut Ökobilanz

Sind die Marken on strategy?

Fruchtzwerge:

Auf der Packung wird ein Kalorienbedarf für Erwachsene angesetzt

Verwendung von Traubenfruchtsüße anstelle Kristallzucker = Kein Unterschied

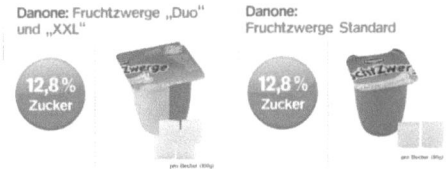

Ideen für zukünftige Projekte

Projekt: Change Your Mind - Kauf nur das was du brauchst

Eine Initiative, um das Bewusstsein in der Bevölkerung zu schaffen, dass jedes Jahr viele Lebensmittel weggeworfen werden, nur weil viel zu viel gekauft wurde.

Sie soll aufzeigen, dass man selbst etwas dafür tun kann, um etwas gegen den Hunger in der Welt, und für Nachhaltigkeit im Bereich Ernährung.

Außerdem soll indirekt dargestellt werden, dass Danone ein selbstloser Konzern ist, welcher nicht nur an den eigenen Profit denkt, sondern auch an seine soziale Verantwortung

==> Mit dem Danone Institut einen Schritt in eine bessere Welt machen

Aufklärungen an Kindergärten & Schulen, in Anlehnung an „Kindergarten TVC"

In Kooperation mit dem Bundesministerium für Ernährung, Landwirtschaft und Verbraucherschutz

Ideen für zukünftige Projekte

Projekt: Change Your Mind - Kauf nur das was du brauchst

Wir erhoffen uns durch die Kampagne eine Umsatzsteigerung dadurch, dass bei den Verbrauchern ein höheres Vertrauen in Die Marke Danone entsteht (Präferenz schaffen)

Quellen

http://de.wikipedia.org/wiki/Danone
http://www.actimel.de
http://foodwatch.de/kampagnen_themen/etikettenschwindel/aktuelle_nachrichten/mediziner_als_markenbotschafter/index_ger.html
http://foodwatch.de/kampagnen_themen/etikettenschwindel/mogel_liste/index_ger.html
http://www.konsumer.info/?p=1802
http://www.greenpeace-magazin.de/magazin/archiv/4-10/skandale/
http://www.activia.de
http://www.danoneprofessional.de
http://www.fruchtzwerge.de
http://www.dany-sahne.de
http://www.markenartikel-magazin.de/no_cache/unternehmen-marken/artikel/details/1003676-danvia-danone-bringt-ersten-joghurt-mit-stevia/
http://de.wikipedia.org/wiki/Numico
http://en.wikipedia.org/wiki/Danone
http://www.institut-danone.de
http://www.danone.de/
http://www.danoneinstitute.org
http://www.abgespeist.de/
http://www.spiegel.de/thema/danone/
http://www.wer-zu-wem.de/firma/Danone.html
http://www.danone.com/index.php?option=com_docman&task=doc_download&gid=145&mode=view
http://www.danone.de/danone/downloadcenter/Danone_annual-report_2011.pdf
http://lifestyle.t-online.de/schluss-mit-actimel-aktiviert-abwehrkraefte-/id_54729936/index
http://www.presseportal.de/pm/8843/278012/internationaler-danone-ernaehrungspreis-fuer-vitamin-a-forscher-verbindung-zwischen-vit-a
Danone.ppt (Dr. Peter Metz)
Vortrag 3rd Party (Dr. Peter Metz)